DES
LIBERTÉS PUBLIQUES

A L'OCCASION

DE LA CENSURE.

PAR M. J.-B. SALGUES.

A PARIS,

CHEZ J. G. DENTU, IMPRIMEUR-LIBRAIRE,

RUE DES PETITS-AUGUSTINS, Nº 5.

MDCCCXXIV.

DES

LIBERTÉS PUBLIQUES

A L'OCCASION

DE LA CENSURE.

—

Exprimer sa pensée est un droit commun à toute créature qui pense ; il ne peut être, nulle part, le privilége de deux ou trois individus.

Le plus grand affront qu'on puisse faire à un homme, c'est de lui ravir l'exercice de la plus noble de ses facultés ; c'est de prétendre réduire son intelligence à une honteuse servitude : cet esclavage serait pire que celui de la personne. Toute la France a été frappée d'étonnement quand elle a appris que les ministres (1) avaient rétabli la censure ; son étonnement a redoublé quand elle a su qu'ils ne l'avaient rétablie que pour satisfaire une animosité particulière ; mais elle a été indignée quand elle a vu qu'ils avaient eu l'intention d'asservir la magistrature elle-même, de donner des ordres à la conscience, et de ne reconnaître dans les lois que ce qui peut servir leurs intérêts, leurs passions et leurs caprices.

Il faudrait fuir une terre où le magistrat serait esclave, où les lois cesseraient d'être

---

(1) On lisait dans la *Gazette d'Augsbourg* du 15 août, une lettre de Paris qui annonçait que le rétablissement de la censure avait été proposé par M. Corbière et M. le garde des sceaux ; que M. de Villèle s'y était d'abord opposé, mais qu'il avait dû céder ensuite. Ceci suffit pour expliquer ce que nous entendons, dans cet écrit, par les ministres.

le refuge et la sauvegarde des citoyens. Aujourd'hui , ce dessein est annoncé sans déguisement et sans réserve. Et quel en est le motif?

On veut se venger de M. de la Bourdonnaye; on veut lui ravir la faculté de renouveler périodiquement les mortelles attaques qu'il a livrées au ministère dans la Chambre des députés. On se flattait de mettre la magistrature dans ses intérêts, on voulait qu'elle s'associât à des sentimens qu'elle ne peut avoir, qu'elle fît plier les lois à des vues personnelles : les magistrats sont restés fidèles et purs. Alors la colère et l'orgueil n'ont plus connu de bornes; on a voulu se venger tout à la fois et de M. de la Bourdonnaye et des magistrats; on a rétabli la censure, et en la rétablissant on n'a pas craint d'infliger à la magistrature un affront public. «Ne déguisons plus rien, s'est-on dit; que les passions, que les affections particulières ne rougissent plus de se montrer à découvert; que les victimes tombent sur les autels de la vengeance : montrons à la France, montrons à l'Europe que l'État c'est nous, et que quiconque refuse de fléchir le genou devant nous doit être frappé dans son état, dans sa fortune, dans ses fonctions. »

Depuis quinze jours, tout cela s'est exécuté; des magistrats fidèles à leur conscience, mais dépendans du gouvernement, ont été révoqués. La magistrature entière aurait subi le même sort, si elle eût été à la disposition des ministres; rien n'a été épargné. La monarchie elle-même doit être effrayée de voir tomber la disgrâce ministérielle sur les hommes qui ont donné au trône les plus nobles, les plus généreuses et les plus pénibles garanties. Vertueux député, vous que recommandent à l'affection des Français, et vos malheurs, et votre piété, et votre dévouement à la monarchie, nous avons vu avec horreur le sang de votre père, le sang de vos proches, sceller les premiers crimes de la révolution ; vous avez, fidèle à votre conscience, à tous les principes de l'honneur, défendu récemment les intérêts du pauvre ; et ni vos vertus ni vos infortunes n'ont pu vous sauver des atteintes d'un pouvoir orgueilleux et despotique ! Ainsi, dans le sein même des Chambres, où les pairs et les députés exercent la plus glorieuse magistrature, dans le sanctuaire de la justice, il n'y aura plus qu'une loi, la volonté des ministres. *Sic volo sic jubeo,* dira le président, et tout devra se taire.

Et ce serait sous un Roi dont la main généreuse a tracé la Charte, ce serait sous les formes d'un gouvernement représentatif que nous en serions réduits à cette extrémité ! Non, cela ne saurait être.

Quand la censure a été établie sous les rois qui ont précédé l'époque de la restauration, les lois n'avaient point encore pourvu à la répression des délits qui peuvent être commis par la voie de la presse ; elles n'avaient point imposé leur joug salutaire aux esprits factieux, turbulens, impies, dont les écrits peuvent semer des doctrines pernicieuses, et troubler l'Etat. Mais depuis que la Charte a donné à chaque Français la faculté d'exprimer librement ses opinions, depuis que les lois ont réglé l'exercice de cette faculté, par quel étrange abus de la puissance vient-on interdire cet exercice? Vous exigez de la presse périodique des cautionnemens considérables, vous la soumettez aux plus scrupuleuses, on pourrait presque dire aux plus dures conditions ; c'est dans votre propre cabinet qu'ont été élaborées les lois destinées à en réprimer les écarts; vous les avez présentées comme une garantie certaine ; vous avez établi vous-même que la censure ne pouvait être reproduite que dans des circonstances graves ; et au premier choc d'une opinion contraire à la vôtre, le dépit et la vanité s'enflamment, vous vous armez de cette censure contre laquelle vous vous êtes autrefois si courageusement déclarés !

Serons-nous coupables de penser aujourd'hui comme vous pensiez avant d'être ministres ? nous reprocherez-vous la liberté avec laquelle nous vous combattrons, quand vous-mêmes avez combattu vos prédécesseurs avec tant de liberté ?

En rétablissant la censure, ni M. de Villèle ni M. Corbière ne sauraient prétendre cause d'ignorance ; ils en connaissent tous les abus, ils les ont développés autrefois, comme on le verra bientôt, avec beaucoup de force et de chaleur.

Qu'est-ce en effet qu'une commission de censure? un tribunal composé d'hommes dévoués d'avance aux volontés du maître, les uns par besoin, les autres par cette sorte d'abaissement du cœur trop commune chez quelques individus qui se prêtent volontiers à tout ce que le pouvoir exige, les autres par le sentiment intime de leur propre incapacité; et ce tribunal, néanmoins, composé ou d'écrivains de peu de considération dans les lettres, ou de subalternes sortis de la poussière des bureaux, exerce une autorité qui n'a jamais été départie aux cours souveraines les plus absolues; il ne connaît de loi que sa volonté. Ses arrêts sont sans appel; ses attributions ne sont contenues dans aucunes limites. En ne consultant que les plus simples notions du droit, il semblerait que ses devoirs devraient se réduire à écarter, des écrits publics, ce qui paraîtrait pouvoir nuire aux intérêts de l'Etat, qui sont les intérêts publics.

Mais leur juridiction s'applique à tout, aux productions des sciences, des arts, des lettres ; de sorte qu'il faudrait supposer que ces Catons de nouvelle fabrique sont doués de tous les dons du génie, et de toutes les connaissances humaines. Ainsi vous trouverez chaque jour des pages ou des colonnes entières absolument vides dans des journaux qui s'occupent de médecine, de littérature, de querelles d'acteurs, et même des tours de force de Polichinelle-Mazurier. La censure a aussi ses amis ; elle les couvre tous de son égide ; leurs ouvrages, grâce à sa protection, sont à l'abri de toute critique ; et si le cuisinier d'une des Excellences avait fait une mauvaise sauce, il ne serait pas permis de le dire.

Dat veniam corvis, vexat censura columbas.

La censure viole les lois même de la presse. Ces lois établissent des éditeurs responsables : mais à quelle responsabilité peuvent-ils être tenus, quand les journaux qui s'impriment sous leur garantie passent sous le domaine absolu d'une commission de censeurs qui exercent sur eux une autorité arbitraire ?

Verra-t-on renaître le scandale dont nous avons été témoins sous quelques-uns des ministres qui ont précédé les ministres d'aujourd'hui ? verra-t-on l'éditeur d'un journal poursuivi devant les tribunaux, après avoir déposé sa responsabilité entre les mains des censeurs ? S'ils sont sots, ignorans, maladroits ou assoupis, faudra-t-il que je paie leur sottise, leur ignorance, leur maladresse ou leur sommeil ?

C'est pitié de voir à quelles mains sont confiés les ciseaux de la censure : à commencer seulement par le chef de ces nouvelles Parques, de quelles connaissances est-il doué? quelles études a-t-il faites? Est-ce dans la littérature de la poste ou dans les bureaux de la police, que l'on apprend à juger les pensées des écrivains? Je suis prêt à rendre hommage à ses qualités morales; mais la dévotion n'enseigne ni les sciences, ni les lettres, ni les règles d'une critique éclairée. Quant à ses subordonnés, que sont-ils? par quels écrits, par quels talens supérieurs peuvent-ils prétendre aux égards et à la considération de ceux qu'ils sont chargés de corriger? Le nom seul de quelques-uns d'entre eux est déjà un ridicule (1).

Et considérez, s'il vous plaît, qu'aujourd'hui les journaux comptent parmi

---

(1) Un de ces censeurs s'appelle *Gaudiche*, et c'est le nom le plus distingué.

ceux qui les rédigent des écrivains déjà renommés par des ouvrages honorés de l'estime publique, des écrivains d'un autre talent, d'un autre savoir, d'un autre caractère que les gens à gages que l'on prétend faire les arbitres souverains de leurs pensées.

Avant la révolution, et sous le régime impérial, quand il existait des censeurs, ceux qui exerçaient ce ministère pénible savaient au moins en adoucir l'amertume; ils se faisaient un devoir de communiquer avec les auteurs, de conférer avec eux sur les changemens qu'ils se croyaient obligés de faire; tout se passait avec cette délicatesse de procédés qui convient à des hommes lettrés. En 1814, et jusqu'au 20 mars 1815, les censeurs des feuilles périodiques exerçaient leurs fonctions dans le cabinet même des rédacteurs, et tout se passait avec politesse et bienveillance.

Aujourd'hui tout est grossièrement arbitraire ; la politesse est exilée de l'enceinte où siégent les inquisiteurs de la pensée ; et plus le juge est placé bas, plus il est haut et arrogant dans ses fonctions.

Sous le ministère qui a précédé celui-ci, la commission de censure avait au moins au-dessus d'elle une autorité à laquelle on pouvait appeler de ses sentences. Aujourd'hui, c'est le régime de la police qui lui est appliqué ; et par un effet nécessaire de cette constitution, ceux dont elle se compose se trouvent réduits à la condition humiliante de ces agens qu'on désigne sous le nom de cet insecte ailé le plus répandu et le plus importun.

Je suis loin de disconvenir que, dans certaines circonstances, la censure ne puisse rendre quelques services à l'État. Quand les lois sont impuissantes, quand les factions s'agitent et divisent les citoyens, quand les esprits sont disposés à embrasser des doctrines funestes, alors, sans doute, il est sage d'employer les moyens les plus propres à rendre le repos à la patrie; alors la censure, contenue dans des bornes raisonnables, exercée par des hommes d'un esprit droit, d'un cœur élevé, peut servir utilement l'État; mais dans tout autre cas, l'expérience a démontré que c'est l'arme la plus dangereuse que l'on puisse confier à ceux qui en sollicitent l'exercice.

Car si le gouvernement n'a rien à craindre, à quoi voulez-vous qu'ils l'appliquent? N'est-il pas évident qu'ils ne s'en serviront que pour assurer leurs intérêts, satisfaire leurs passions, et se perpétuer dans les fonctions qui leur sont si chères et si fructueuses? Toute langue qui parlera contre eux, tout écrit courageux qui tendra à relever leurs fautes, à contrarier leurs projets, à démasquer leur ambition, tombera impitoyablement sous le fer de la censure. Les ministres et leurs amis écriront tout ce qu'ils voudront, soutiendront les plus mauvaises doctrines, et tout moyen de réponse sera interdit à quiconque voudrait leur répliquer.

Quels avantages a-t-on recueillis jusqu'à ce jour de la censure? Sous un ministère trop fatal, elle a failli perdre la monarchie légitime; les royalistes seuls ont été poursuivis par les familiers de ce nouveau saint - office. Que n'a - t - on pas inventé contre eux? des conspirations, un gouvernement occulte, tout ce qu'un esprit infernal peut inspirers à de âmes perverses. Les princes eux-mêmes n'ont pu échapper à ses proscriptions.

Aurait-on oublié déjà cette infâme correspondance privée, où ils étaient si indignement et si impunément calomniés, œuvre de ténèbres détestable qui se fabriquait dans les bureaux de la police, en sortait pour aller infecter les journaux anglais et allemands, et revenir ensuite rapporter ses poisons dans les journaux français ?

Qu'on lise aujourd'hui les écrits de ce temps ; qu'on voie quels progrès faisait alors la faction qui se vantait de dominer bientôt sur la France, et de disposer à son gré de la couronne ; qu'on se rappelle les courageuses discussions qui eurent lieu à la Chambre des pairs, à celle des députés en 1817. Alors on ne loua pas la censure, on ne la demanda pas, on en exposa tous les inconvéniens, on en révéla toutes les turpitudes ; alors MM. de Villèle et Corbière se signalèrent dans ce combat généreux ; alors ils attaquèrent de toutes leurs forces cette censure qu'ils viennent d'exhumer aujourd'hui, non pour la France, mais pour eux-mêmes. Leurs discours sont entre les mains de tous ceux qui recueillent les élémens de nos futures annales.

« Je me trompe fort, disait M. de Villèle, ou ce ne sera pas avec de tels moyens et une telle justice que l'on calmera les haines, qu'on éteindra les divisions, qu'on étouffera les partis dans notre malheureuse France, pas plus qu'on y fondera le règne de la Charte en nous privant des garanties qu'elle nous avait données.

« Ce serait lorsque l'armée est recréée, les tribunaux organisés, l'administration rétablie, le gouvernement assis et régularisé, que vous accorderiez au ministre de la police un pouvoir aussi peu nécessaire qu'il est oppressif !

« Serait-il prudent aujourd'hui de contribuer, par l'adoption du projet de loi sur lequel nous délibérons, à établir dans notre monarchie constitutionnelle la suprématie du ministre de la police sur toutes les autres branches du gouvernement, suprématie que donne nécessairement l'influence supérieure d'un pouvoir arbitraire sur des pouvoirs soumis aux lois?

« Je suis loin de le croire, et je pense au contraire que ce n'est qu'en exécutant la Charte, en refusant notre assentiment à tout ce qui pourrait y porter atteinte, que nous pouvons conserver nos institutions, *et cette légitimité, notre plus sûre garantie, non seulement sur le trône, mais aussi dans les moyens employés pour le soutenir.* »

Voilà ce que disait alors M. de Villèle; il est vrai que dans ce discours il s'agissait plus particulièrement de la liberté des personnes; mais voyons ce qu'il disait de la liberté de la presse :

« L'observation de la Charte, l'inviola-
bilité des propriétés, la conservation des
institutions qu'elle vous a données, celle
surtout de la liberté de vos opinions dans
cette Chambre, tous les intérêts qui doivent être les plus chers pour vous, sont
liés à la question que vous avez à décider.

« Si vous mettez ainsi à la disposition
du ministre le droit de censurer tous les
journaux du royaume, vous l'établissez
seul directeur de l'opinion publique en
France ; vous lui donnez les moyens de
faire attaquer vos opinions par tous ceux
du royaume, sans qu'un seul ose les défendre contre lui ; vous n'ébranlez pas seulement quelques colonnes de l'édifice cons-
titutionnel, vous l'attaquez dans sa base,
et vous vous exposez à le renverser lui-
même.

« J'ai tenu dans mes mains, en 1815,
l'épreuve d'un journal dans lequel la ré-

ponse faite au ministre par mon honorable collègue M. Corbière, comme rapporteur de la commission du budget, avait été effacée par le censeur, dans la partie qui tendait à laver la commission d'une inculpation grave dirigée contre elle.

« Si les journaux ne sont soumis qu'aux lois et à l'action régulière de la justice, la liberté individuelle trouvera une garantie dans le rétablissement de la responsabilité morale du ministre qui en dispose. Hors de là je ne puis voir qu'anéantissement de la Charte, simulacre de la protection dont elle devait nous assurer la jouissance, asservissement de mon pays à l'arbitraire le plus dangereux, et symptôme d'instabilité dans le gouvernement.

« Ne perdons jamais de vue, messieurs, que le gouvernement représentatif nous a été donné pour lier le passé au présent, et suppléer à tout ce que la révolution a dé-

truit de nos moyens de protection et de défense ; que c'est obéir à la volonté du Roi
exprimée dans la Charte, que de repousser
tout ce qui pourrait compromettre l'existence de ce gouvernement ; que c'est servir
le Roi que de veiller à la conservation de
son ouvrage.

« Le gouvernement représentatif est désormais pour nous le seul refuge contre de
nouvelles révolutions, et la seule garantie
que nous puissions avoir contre les abus
destructeurs des empires ; maintenons le
gouvernement représentatif que nous a
donné la Charte, en lui conservant les ap-
puis qu'elle a jugé lui être nécessaires ; et
j'ai prouvé que la liberté des journaux était
la plus indispensable. Soumettons les journalistes à de forts cautionnemens ; aug-
mentons la sévérité des lois contre les
abus de la liberté de la presse ; garantis-
sons légalement la société de la licence des

journaux; mais ne livrons pas à l'arbitraire l'arme utile et puissante dont ils sont dépositaires; *car pour éviter un danger, nous nous précipiterons dans un abîme.* Les lois sont suffisantes pour nous protéger contre tous les genres de crimes. Comment les journaux seuls ne pourraient-ils être contenus par des lois? c'est ce qu'il est impossible d'admettre. »

Dans le cours de cette discussion, on vit M. Corbière constamment voter comme M. de Villèle; en attaquant la censure, il s'attacha surtout à la regarder comme une violation indirecte de la propriété; toute propriété, dit-il, doit être également sous l'égide des lois; et c'est mettre en quelque sorte les journalistes hors de la Constitution et des lois, que de leur en enlever l'appui pour les soumettre arbitrairement au jugement d'un seul homme, et aux caprices de ses commis.

« Les principes sont toujours bons, dit M. Corbière ; les circonstances, s'il en est besoin, doivent être améliorées. Y parviendra-t-on par le silence, ou, ce qui est encore pis, en ne laissant la parole qu'à un seul ? J'ai toujours pensé précisément le contraire. »

« J'ai droit peut-être, dit-il ailleurs, de parler des hommes que quelques écrivains ont désignés sous le nom d'*ultra royalistes*. Pour ceux-là, je crois savoir leur secret : ils peuvent n'être pas toujours également satisfaits du système de tel ou tel ministère ; mais pour les tenir toujours dans la ligne du devoir, *il est inutile de chercher des moyens extraordinaires ;* le nom du Roi suffit, et réussira mieux lui seul que tout le reste : et il me semble que les ministres doivent savoir ce secret aussi bien que moi.

« Notre situation est heureusement améliorée; il n'y a pas de danger actuel; il ne s'agit que de prévoyance pour l'avenir. Eh bien ! cela seul est décisif pour moi. Pour la suspension de la liberté, il faut. non pas un mal présent, le remède pourrait être tardif, mais du moins un danger actuel. L'ordre régulier doit suffire à la prévoyance, ou jamais nous ne serons assurés de les obtenir. »

Ces courtes citations suffisent pour donner une idée des principes de M. Corbière. Par galanterie pour les lecteurs, je m'abstiendrai de les multiplier, car ce n'est pas par l'éclat et les charmes du style que brille M. Corbière; les fées et les grâces n'ont point, comme on sait, présidé à sa naissance; elles n'ont point entouré son berceau ; elles avaient réservé toutes leurs faveurs pour celui d'un de ses illustres compatriotes qu'il vient de répudier.

Mais à travers cette simplicité semi-champêtre qui faisait alors, et qui fait encore le caractère de son élocution, il est impossible de ne pas reconnaître des pensées utiles et justes. Il veut, si l'on se décide à suspendre les libertés publiques, à leur donner pour auxiliaire l'arme redoutable de la censure, il veut que ce ne puisse être que pour un danger présent, pour un péril qui menace actuellement la sûreté de l'État. Dans tout autre cas, l'ordre régulier lui paraît la plus sûre garantie de la sécurité publique.

Eh bien ! voilà ce que l'on demande aujourd'hui ; on oppose S. Exc. Mgr le comte de Corbière, ministre de l'intérieur, à Me Corbière, avocat de Rennes ; on lui demande si l'État est menacé de quelque danger imminent, s'il nous est défendu de goûter les douceurs du sommeil sans craindre d'être réveillés subitement par le tocsin ou le canon d'alarme.

En 1822, quand des complots secrets s'ourdissaient contre l'État sur divers points de la France, quand les tribunaux étaient armés contre les conspirations, quand M. l'avocat-général de Marchangy nous dénonçait, dans son mémorable plaidoyer, les soixante mille fédérés dont les poignards menaçaient les personnages les plus augustes et le sein des royalistes, on ne demanda point la suspension des libertés publiques, on n'arma point de ciseaux six commis de la police pour sauver la patrie; on se déclara fort de l'opinion et des suffrages de la nation, on s'appuya sur la masse des royalistes, et l'on eut raison.

En 1823, lorsque la France rassemblait cent mille guerriers pour aller combattre l'hydre révolutionnaire dans la péninsule ; lorsque les factions déconcertées et saisies d'effroi sonnaient partout le toscin de la révolte, et réunissaient toutes leurs forces pour voler au secours du monstre chéri, lorsque les tribunes des deux Chambres retentissaient de prédictions funestes, et que les chefs du ministère eux-mêmes, semblables aux enfans qui manient pour la première fois une arme à feu, reculaient effrayés derrière leur propre ouvrage ; lorsque les écrivains libéraux faisaient des vœux publics pour la perte de nos armées ; lorsqu'un d'eux osait écrire que plus ils seraient Espagnols (et par Espagnols ils entendaient les rebelles), plus ils se croiraient Français ; lorsqu'enfin des généraux de Buonaparte venaient des extrémités du Nouveau-Monde, à travers les mers, joindre leurs armes à celles des traîtres qu'un aveugle fanatisme avait réunis aux cris de *vive Napoléon!* sur les bords de la Bidassoa, ces circonstances d'un aspect si grave ne troublèrent point le sommeil des ministres, tout leur parut en sûreté. M. Corbière continua ses savantes excursions sur les quais; il ne cessa point d'y explorer les richesses littéraires qui s'y étalent sous le nom trop injurieux de *bouquins;* les sallons du jeudi furent ouverts comme à l'ordinaire.

L'armée rentre en triomphe, des hymnes de reconnaissance et de joie célèbrent sa victoire. L'hydre révolutionnaire est abattue. La paix, la confiance, la sécurité règnent sur toute l'Europe; jamais l'horizon politique n'a été obscurci par moins de nuages : la paix est partout; depuis la restauration, l'État ne s'est, à aucune époque, trouvé dans une situation plus heureuse : les ministres seuls refusent d'en goûter les douceurs. Je ne sais quelle fièvre d'ambition s'allume dans leurs veines. Ce n'est pas assez pour eux de s'être élevés des ombres d'une vie obscure aux plus hauts emplois de la monarchie, d'y associer leurs proches et leurs amis, ils veulent s'y perpétuer; ce n'est pas assez d'administrer, ils veulent régner; ce n'est pas assez de régner, ils veulent régner sans opposition.

La Chambre des députés osait, en 1823, scruter leurs opérations, contrarier leurs projets : qu'elle disparaisse. — Cependant vous aviez, dans cette Chambre, une majorité honorable qui vous soutenait; elle avait noblement accordé tous les fonds que vous aviez sollicités. — Qu'importe! La gauche n'avait-elle pas soixante, et la droite huit à dix députés dont les harangues et l'opposition importunaient nos Excellences : qu'ils disparaissent avec la Chambre toute entière; que désormais toutes les langues ou se taisent ou se condamnent à chanter nos louanges. Partez , commissaires aux élections ; partez , circulaires ministérielles ; que sur tous les points de la France les employés du gouvernement , les fonctionnaires publics , tout ce qui reçoit un salaire, à quelque classe qu'ils appartiennent, soient avertis que l'arrêt de leur destitution est tout prêt, que la misère les attend, s'ils osent voter en faveur de tout autre qué de ceux qui leur seront désignés par Leurs Excellences. — Mais, monsieur le commissaire , ma conscience !... — Votre conscience ! faites-la taire , ou faites-la (1). Les ministres ne sont-ils pas la conscience publique , et les petites consciences ne doivent-elles pas se confondre et se perdre dans la grande ?

Déjà le mouvement électoral se répand

______

(1) Mirabeau disait : « Dans les circonstances où « nous sommes, il faut faire sa conscience. »

sur tous les points de la France. Les bureaux sont dressés, les listes distribuées, les observateurs sont à leur poste, chaque main va déposer son vote obligé; les urnes se remplissent; elles portent les destinées de la France.

Grâces soient rendues aux commissaires, grâces soient rendues aux circulaires ministérielles, grâces aux observateurs : la Chambre sera composée comme le désiraient Leurs Excellences; et pour comble de bonheur, M. de Lalot n'est pas élu! Ses éloquentes diatribes n'effraieront plus les oreilles, ne troubleront plus le salutaire travail des digestions ministérielles. Allons! que notre collègue M. de Chateaubriand se hâte de rédiger définitivement la loi sur la septennalité! Qui oserait mettre en doute qu'elle éprouvât la moindre résistance? Sept ans sont bien peu de chose, mais nous aviserons par la suite à mieux faire.

Ainsi, la joie est générale au ministère ; son triomphe est assuré. L'avenir s'offre sous les traits les plus rians. Mais qui peut se fier à l'avenir ? Les Chambres sont ouvertes. La gauche est, il est vrai, presque déserte ; M. Royer-Collard boude seul sur les bancs du centre ; la droite ne voit à son extrémité qu'un petit nombre d'opposans. L'olympe ministériel ne fut jamais plus serein, mais des nuages ne tardent pas à s'y faire apercevoir. Les débris de la gauche sont encore puissans en paroles ; l'extrême droite ne s'effraie pas de son petit nombre. M. de la Bourdonnaye y soutient courageusement l'opposition qu'il avait commencée à la session précédente. L'esprit de contradiction réunit les esprits les plus opposés. Une loi préparée depuis long-temps, une loi dont le succès paraît tellement sûr que l'on a d'avance arrêté toutes les conditions de son existence ; une loi qui semble au chef du ministère le chef-d'œuvre de son génie calculateur, puisqu'elle doit diminuer de 28 millions la masse des impôts, ou *peut-être* adoucir le sort si long-temps négligé des plus courageuses victimes de la révolution ; mais une loi qui ravit aux plus pauvres des rentiers le cinquième de leur subsistance, cette loi trouve dans la Chambre des députés cent quarante-six opposans, et l'on est réduit à enlever par la question préalable tous les amendemens. Une nouvelle épreuve l'attend. La Chambre des pairs la discute sérieusement et sans complaisance ; un prélat y voit ou la ruine ou la gêne excessive d'une portion précieuse de son troupeau ; il en plaide la cause avec une gravité digne du caractère sacré dont il est revêtu, et un zèle vraiment évangélique.

M. de Chateaubriand, qui condamne intérieurement le projet proposé, ne se

lève point pour le défendre ; il est re-
poussé. Alors ce beau ciel de l'avenir, qui
s'offrait avec tant de charmes, cet Olympe
si calme se charge d'orages ; la tempête
retentit dans le cœur des *duumvirs* ministériels.

« Quoi ! s'écrient-ils, nous serions vain-
cus ! que la disgrâce frappe comme la foudre
toute tête opposée à nos desseins ! M. le
vicomte de Montmorency voulait la guerre
d'Espagne, et nous ne la voulions point : il
a disparu ; M. le duc de Bellune avait tout
préparé pour en assurer le succès, et nos
vues ne s'accordaient point avec les sien-
nes : il a disparu ; M. le vicomte de Chateaubriand désapprouve ce que nous ap-
prouvons, qu'il disparaisse ; » et le len-
main il n'est plus.

Ainsi, fiers de la victoire d'Espagne,
qu'ils n'ont pu ni voulu remporter, fiers
de leurs triomphes dans les colléges élec-

toraux, fiers d'avoir éloigné de la tribune
des orateurs dont ils redoutaient l'élo-
quence, fiers d'avoir ou corrompu ou détruit les journaux dont l'opinion publique
chérissait l'indépendance, les ministres se
croient maintenant tout permis; et comme
ils ont menacé de destitution tout percep-
teur ou garde-champêtre rebelle à leur volonté suprême, ils croient pouvoir frapper
de la même manière, et sans plus de fa-
çon un pair de France, un illustre et fidèle serviteur du Roi, qui, dans les temps
périlleux, a tout sacrifié pour la cause du
trône; qui, pour la même cause, a vu
couler le sang de sept de ses proches sous
le fer des bourreaux; qui, dans le désastre
des cent-jours, s'est accolé à son souverain, et n'a cessé de lui prêter, à Gand,
le secours de ses conseils et de son élo-
quence; enfin, dont les talens supérieurs,
honorés dans toute l'Europe, servaient à

couvrir la triste médiocrité de ses collè-
gues (1).

---

(1). C'est une chose remarquable que, depuis la
restauration, on ait à peine compté parmi les ministres quelques-uns de ces hommes courageux
dont le front et le cœur avaient bravé courageusement la tempête révolutionnaire, s'étaient signalé
par une imperturbable fidélité, avaient tout sacrifié à cette cause, avaient subi toutes les proscriptions de la terreur. Le plus grand nombre n'a
été composé, jusqu'à ce jour, que d'hommes ac-
coutumés ou disposés à spéculer sur les gouvernemens comme sur un terrain à exploiter à leur pro-
fit. Que ceux qui aujourd'hui cherchent à désaffec-
tionner les meilleurs royalistes produisent leurs
titres : qu'ont-ils fait dans le cours de la révolution ? par quel acte de courage, par quelles souf-
frances pourraient-ils se recommander? Et nous
qui avons tout souffert, tout affronté, tout perdu,
nous sommes devenus l'objet des persécutions
d'hommes sans titres et sans mérite. On peut bien
dire des ministres comme des livres : *Habent sua
fata ministri.*

Et qui pourrait désormais les intimider ? Ne sont-ils pas sûrs de la Chambre des députés ? n'ont-ils pas dans leur dépendance tous les journaux, à un seul près, qui a su échapper aux embûches de la mauvaise foi et à la force armée ? ne disposent-ils pas à leur gré de tous les organes de l'opinion publique ? Et qu'importe qu'un seul recueille les plaintes de M. de Chateaubriand : on les étouffera de vingt manières différentes ; les journaux libéraux deviendront eux-mêmes, dans cette circonstance, les auxiliaires du ministère ; car la chute de M. de Chateaubriand est une victoire pour eux. Laissons donc les amis du noble pair gémir tout à leur aise dans les colonnes isolées de *la Quotidienne* : nous avons cent voix pour en comprimer une seule.

Ainsi peut-être raisonnait-on dans les salons ministériels. Mais tout à coup la scène

change : le plus accrédité des journaux royalistes, jusqu'alors fidèle au ministère, rompt
son alliance, brise ses fers et s'arme pour le
ministre tombé. Lui-même il rend guerre
pour guerre ; il combat en chevalier juste-
ment indigné ; sa plume distille le repro-
che, l'ironie, le sarcasme ; sa vengeance
vole dans toute l'Europe sur les feuilles
d'un journal qui vient de se dévouer à sa
cause.

La troupe des serfs ministériels n'oppose qu'une molle et timide résistance ;
elle ose à peine avouer les chefs qui la
commandent. L'alarme commence à se
répandre dans le camp ; bientôt elle
l'occupe tout entier ; la frayeur est à son
comble, car un nouveau guerrier va joindre ses efforts à ceux de l'illustre disgracié ;
et ce guerrier, c'est celui dont on a jusqu'à
ce jour redouté davantage les attaques ; car
s'il parvient à renverser ses adversaires,

il peut devenir leur successeur, et se char-
ger de leurs dépouilles. Ses enseignes portent pour devise *l'Aristarque*. Déjà des
réquisitoires, des commissaires, des huis-
siers ont été lancés contre lui ; mais trois
fois le bataillon noir a succombé, trois
fois la justice l'a frappé de son glaive. Il ne
reste plus qu'un corps de réserve, corps
puissant, mais fidèle aux loix, mais incorruptible. Le combat s'engage, les parties
intéressées sont sur les hauteurs pour en
contempler le spectacle. O douleur ! ô dé-
sespoir ! la troupe ministérielle est vaincue
de nouveau ; elle est vaincue sans retour. Ainsi, les enseignes de *l'Aristarque*
vont rassembler de nouveaux ennemis.
Tout paraissait soumis, *Gazette*, *Drapeau blanc*, *Pilote*, *Journal de Paris* ;
la Foudre avait été conjurée ; *le Régula-
teur*, les *Tablettes* avaient péri sous le
poids de l'or dont on les avait accablés ;

la France chrétienne elle-même n'avait pas été épargnée. Et voilà tout à coup qu'une tempête nouvelle s'élève, tonne, et menace d'une destruction prochaine l'édifice élevé avec tant de dépense et de peine.

Allons, périssent les libertés publiques, périsse la justice elle-même plutôt qu'un seul d'entre nous. Accourez, hussards de la mort, brave compagnie des ciseaux, censeurs toujours fidèles, toujours prêts à faire la guerre à la raison, au talent, à la liberté; réunissez toutes vos forces; marchez, la police est à votre tête.

C'en est donc fait, l'ordonnance est rendue, les ciseaux sont ouverts; ils se sont refermés, et la liberté n'est plus. Elle n'est plus, non seulement dans les écrits politiques qui se succèdent comme les jours et les nuits, mais elle n'est plus, même dans les productions consacrées aux sciences, aux lettres, aux beaux-arts, qui n'apparaissent qu'à certains intervalles, et qui, livrées toute entières aux plus nobles exercices du savoir et de la pensée, daignent à peine abaisser un regard indifférent sur ces tracas domestiques dont l'ambition, l'orgueil et la cupidité font leurs plus chères délices.

Mais cette liberté périra-t-elle toute entière? le règne de ses ennemis sera-t-il éternel? et pour se perpétuer, oseront-ils ravir à la justice son glaive et ses balances? Non. La colère est un mauvais conseiller; ceux qui l'ont imprudemment écoutée, amassent des charbons ardens sur leur tête. En vain se cramponneront-ils au pouvoir, en vain déclareront-ils qu'il faudra les *empoigner* comme M. Manuel, pour les en arracher, il est une puissance à laquelle rien ne résiste : le vent de l'opinion soufflera, et ils ne seront plus.

Les royalistes leur diront : Nous vous avions choisis comme les fidèles dépositaires de nos sentimens, de nos vœux, de nos opinions ; nous vous avions entourés de confiance et de considération ; nous avions formé autour de vous comme un rempart inexpugnable pour vous mettre hors d'atteinte de vos ennemis ; nous vous avions confié l'honorable mission de vous consacrer exclusivement au service du trône ; nous avions mis en vous toutes nos espérances, et vous les avez trompées : la prospérité vous a enivrés. Les hommes qui vous ont élevés, vous les avez méconnus ; vous avez refusé de marcher dans les voies qu'ils vous indiquaient. Ils vous montraient la gloire et le salut de l'État au-delà des Pyrénées ; et vous avez refusé de les franchir. Accroupis sur des sacs, comme les griffons de la fable, vous préfériez le bonheur de compter des écus.

On vous presse de nouveau; vous reculez encore, il faut vous arracher de votre comptoir pour vous y traîner. Dans votre dépit, vous frappez ceux qui troublent votre sommeil : si ce sont des écrivains récompensés pour leurs vieux services, vous leur enlevez leurs pensions; si c'est un ministre votre collègue, un guerrier blanchi sous les lauriers, vous lui enlevez son porte-feuille. Dans toute votre conduite on ne voit qu'orgueil puéril et soin de vous-mêmes : la plus légère opposition vous blesse et vous irrite. Il vous faut des administrations de votre choix, des députés de votre choix, des écrivains de votre choix.

Que des journaux consacrés à toute autre cause que celle de la légitimité, que des feuilles ennemies de la monarchie sèment leurs mauvaises doctrines; peu vous importe; il ne s'agit que de la légitimité du

trône des Bourbons, et ce n'est pas d'ailleurs parmi les chefs de ce parti que l'on
choisira vos successeurs. Mais que du
sein des royalistes sortent des voix qui
vous remontrent vos fautes, voilà des voix
ennemies, des cris séditieux qu'il faut se
hâter d'étouffer.

Ainsi la bourse d'une main, le bâillon
de l'autre, des courtiers vont marchander
pour vous les écrits périodiques les plus
libres, les plus fidèles à la monarchie, et
clorre les bouches les plus hardies et les
plus disertes.

Bientôt les lois elles-mêmes vous pa-
raîtront insuffisantes; et à peu ne tiendra
peut-être qu'on ose professer jusque dans
leur sanctuaire les doctrines qui ont corrompu les colléges électoraux; et parce
que le pouvoir des magistrats émane du
trône, qui sait si l'on n'imaginera pas que
c'est aux desservans du trône qu'il appar-

tient de dicter les arrêts des magistrats?

Il manquait un scandale à notre siècle ; c'était de voir le pouvoir irrité, s'insurger contre la conscience, lui infliger une censure publique et prendre contre elle des mesures de répression. Mais en vain frapperez-vous de votre disgrâce les organes de la justice qui tiennent de vous leur pouvoir ; en vain proclamerez-vous dans vos journaux qu'ils sont *révoqués*, ils conserveront leur place dans l'estime et le suffrage publics.

Eh bien ! vous avez la censure. Quel avantage en attendez - vous ? On remarquera que c'est contre les royalistes que vous vous êtes munis de cette arme ; que c'est pour satisfaire un dépit particulier que vous y avez recouru ; que c'est non dans l'intérêt de l'État, mais dans le vôtre seul que vous l'avez instituée ; que M. de la Bourdonnaye vous a inspiré plus de frayeur que tous les complots , toutes les conspirations , tous les drapeaux tricolores , tous les écrits des factions ennemies de la monarchie; que vous vous êtes livrés à une colère enfantine , à des transports de nain , et qu'en vous y livrant , vous avez donné une déplorable idée de votre caractère. Un ministre doit être *compos sui ;* ses fautes ont des suites trop graves pour les commettre sans réflexion.

Vous croirez peut-être jouir de quelque tranquillité , parce que vous n'aurez plus contre vous les journalistes ; mais vous aurez brisé leur plume, sans abaisser leur cœur. Les brochures assailliront votre lit de repos, l'opinion publique se grossira en orage contre vous , vous aurez aggloméré les mécontentemens, et quand l'heure sera venue, ils feront une explosion terrible, comme ces machines à vapeur , quand la compression est trop forte. La

Chambre des députés vous restera, dites-vous; mais que serait la Chambre elle-même sans l'opinion publique?

Un publiciste étranger vous l'a dit, et fasse le ciel que vous écoutiez son conseil : « Si les ministres de Louis XVIII croient « en conscience que l'expression de l'opi- « nion publique par le moyen de la presse « doive produire un mal certain, ils font « bien d'user du droit que la loi leur ac- « corde pour le prévenir. Mais si cette « mesure n'est dictée que par le désir de ré- « duire au silence une opinion toujours puis- « sante, quoique déconcertée, nous dou- « terons de leur sagesse et de leur succès. « Il vaut toujours mieux laisser le mécon- « tentement s'exhaler que de le concentrer « de manière à former un foyer qui devient « de plus en plus difficile à éteindre (1). »

____

(1) *Courrier de Londres.*

En vérité, on ne peut concevoir l'aveuglement qui entraîne les ministres à leur perte ; un des opérateurs commis à la castration des pensées a dit : *Désormais on ne parlera plus contre les jésuites.* M. le vicomte de Chateaubriand, dans une brochure dont 10,000 exemplaires ont été enlevés en trois jours, a dit de son côté : « On serait tenté de croire, pour s'expli- « quer des choses inexpliquables, ce que « disent des esprits chagrins, savoir que « des sociétés mystérieuses poussent à la « destruction de l'ordre établi. »

Eh bien ! jetons quelque lumière sur les doutes du noble pair, essayons de lever une partie du voile qui couvre cette société mystérieuse.

Le conseil des jurés teneurs de ciseaux a retranché de *l'Oriflamme,* journal semi-périodique dont le nom seul leur donne des vapeurs, a retranché un article entier consacré à l'examen et à la défense des quatre propositions du clergé de France, consacré au maintien de l'indépendance des couronnes. Ce n'était pas un article fait *ex professo ;* c'était l'analyse d'un ouvrage sur ce sujet ; la coterie des coupeurs de pensées n'en a pas laissé une ligne. Elle a fait mieux : par un acte tout à fait arbitraire, elle n'en a pas rendu un feuillet au propriétaire de ce journal ; elle a gardé, contre les règlemens de la censure même, et l'article et la copie (1). De sorte qu'il n'y a plus moyen de confondre et de faire rougir les censeurs, en reproduisant aux regards du public ce que leur mal-

------

(1) Pour bien entendre ceci, il faut savoir que les règlemens de la censure veulent qu'on envoie aux censeurs deux copies du même article, l'un pour eux, l'autre qui doit être remis au propriétaire du journal. Maintenant on garde tout.

veillance ou leur ineptie a supprimé (1).

C'était de la politique, ont-ils dit; et qui vous l'a appris? d'où savez-vous que cet article était de la politique? Pourriez-vous définir ce mot, et me dire seulement à quelle langue nous l'avons emprunté? Le journal que vous avez mutilé est consacré aux doctrines monarchiques et religieuses, et vous ne trouvez ni doctrines monarchiques ni doctrines religieuses dans les quatre propositions du clergé de France?

____

(1) Elle a supprimé et gardé tout aussi arbitrairement l'extrait d'un ouvrage espagnol contenant, entre autres choses, une apologie du caractère du roi Ferdinand. Le traducteur n'en avait tiré pour *l'Oriflamme* que ce morceau. Elle a supprimé et gardé avec le même despotisme un article purement littéraire, dont l'auteur examinait la traduction de l'*Imitation de Jésus-Christ*, et prouvait qu'elle n'était qu'un plagiat d'un bout à l'autre. Il est vrai que cette traduction portait le nom de M. l'abbé de La Mennais.

Vous êtes de grands docteurs, en vérité!

Mais, puisque vous êtes de si habiles connaisseurs, dites-nous à quelles doctrines appartient un article publié *ex professo* dans le *Mémorial catholique*, au sujet des jésuites; il a été, comme *l'Oriflamme*, soumis à votre équitable intelligence. Il commence par ces mots:

« Quoiqu'il semble que tout ait été dit
« sur les jésuites, je crois néanmoins que
« l'on n'a pas encore considéré cette cor-
« poration religieuse sous un *rapport po-*
« *litique* qui la place incontestablement à
« la tête des institutions les plus utiles
« que les gouvernemens puissent appeler
« au secours de la société. »

L'auteur compare ensuite les jésuites à ces chevaliers de la foi que la chrétienté opposa jadis aux progrès du croissant. Il se persuade que la Providence a réservé la Société de Jésus, dans ces temps d'irréligion et de troubles, pour combattre les sociétés secrètes. Comme les anciens preux dont il s'agit, elle doit être placée *sous la direction du chef suprême de la chrétienté*, du père commun de cette grande famille; autrement on n'aurait que des institutions locales. Elle doit être *religieuse et politique*, et tellement constituée, qu'elle exerce une action puissante sur la société.

« Tous les observateurs, dit-il, ont re-
« marqué dans la société des jésuites un
« caractère unique qui les distingue d'une
« manière tranchante de tous les autres or-
« dres religieux. Ceux-ci formaient ou des
« savans vertueux, ou de pieux cénobites.
« *Un jésuite est né pour agir sur la so-*
« *ciété dans un cercle plus ou moins*
« *étendu.* Dès que vous voyez la société
« recevoir un sujet, quelque brut qu'il pa-
« raisse, soyez sûr qu'elle saura bien en

« tirer quelque chose ; elle le jette dans
« son moule, elle l'y pétrit, elle l'y broie,
« elle l'imprègne de son esprit, et bientôt
« vous en voyez sortir un homme nou-
« veau, habile à diriger d'autres hommes.
« *Les jésuites forment une monarchie ;*
« ils ne sont pas seulement unis, ils sont
« *uns.* Il est impossible que cette société
« prodigieuse ne soit pas destinée à jouer
« un grand rôle dans la restauration de
« l'ordre social. »

La censure n'a rien vu, dans tout ceci,
qui eût le moindre rapport à la politique.
Il est vrai qu'on y annonce clairement et
sans détour que les jésuites sont appelés à
gouverner les hommes ; qu'ils y sont appelés, non sous la direction des rois, qui ne
sont rien dans l'ordre religieux, mais sous
la direction de la cour de Rome, à laquelle
seule appartient le gouvernement des rois
et des peuples ; car cette proposition est la

conséquence nécessaire de tout ce qu'on vient de dire des jésuites. Il est vrai qu'on y déclare en termes formels que les jésuites forment une *monarchie*, et qu'il ne saurait y avoir dans un même État deux monarchies. Mais tout cela a paru simple, naturel, très-innocent à des censeurs choisis dans cette société secrète qu'on appelle *la congrégation*, et qui, se croyant maintenant assez forte pour jeter le manteau dont elle se couvrait, proclame ouvertement ce qu'elle ne faisait auparavant qu'en secret : le règne des jésuites prétend rétablir la monarchie des *solipses* (1), parce que faisant elle-même partie de cette mo-

____

(1) On publia à Venise, en 1645, un petit ouvrage allégorique intitulé *Monarchia solipsarum*. Le grammairien Restaut l'a traduit en français sous le titre de *Monarchie des solipses*. C'est une satyre ingénieuse où les jésuites ont cru se reconnaître. On en prépare une nouvelle édition.

narchie, elle prétend aussi toucher sa part dans les bénéfices du gouvernement.

La censure déchire, détruit tout ce qui tend à consacrer les libertés de l'Église gallicane, à sauver l'indépendance des rois, parce qu'avec ces libertés, parce qu'avec l'indépendance des rois, la grande monarchie des *solipses* ne pourrait s'établir.

Or, le *Mémorial catholique*, qui annonce le retour de cette monarchie, qui la demande, qui en proclame l'avènement, est rédigé par M. l'abbé de La Mennais et ses secrétaires ; et M. l'abbé de La Mennais est à Rome ; et il loge au collége de la Sapience, qui vient d'être confié solennellement à la Société de Jésus ; et les plus grands honneurs ont été prodigués à M. l'abbé de La Mennais et à M. Warin, curé de Genève, et compagnon de ses travaux apostoliques ; et l'on est allé jusqu'à

Genève au-devant d'eux, pour préparer leur entrée à Rome, sans songer que ces pompes mondaines ne ressemblent guère à la divine humilité du Sauveur, qu'ils prétendent prendre pour modèle, et dont ils se disent les sociétaires.

Faut-il jeter plus de jour encore sur les doutes de M. le vicomte de Chateaubriand? Déjà les imprimeurs de la grande monarchie des jésuites sont établis à Paris; déjà ils ont des brefs qui les instituent et les reconnaissent pour tels; ils ont même obtenu des indulgences pour les mérites qu'ils vont acquérir en se consacrant sans réserve à l'accomplissement du grand œuvre (1). Les jésuites, dit le *Mémorial catholique*, ont été institués par la *Providence* (remar-

----

(1) On prétend qu'un million est tout prêt pour les grands labeurs qu'on doit leur commander.

quons bien ce mot) pour combattre et dé-
truire les sociétés secrètes (1).

------

(1) Il faut se défier un peu des communications
de M. de La Mennais avec la Providence : il en agit
avec elle trop librement. Ainsi, en 1808, il voyait en
Buonaparte l'envoyé du ciel, le héros mis en réserve *par la Providence*, pour notre bonheur et
notre gloire. Il faut lire ce qu'il a dit à ce sujet
dans son ouvrage intitulé : *Réflexions sur l'état
de l'Église en France pendant le dix-huitième
siècle*. Le passage est curieux :

« O France, réjouis-toi ! tes calamités enfin sont
« à leur terme. Voilà que des extrémités de l'Afri-
« que, LA PROVIDENCE t'amène comme par la
« main, à travers les mers, un de ces hommes
« puissans en œuvres qui, *destinés à la représen-
« ter sur la terre*, apparaissent pour tout rétablir
« quand tout semble désespéré. A sa voix, les
« ruines de la société entrent en mouvement ; cha-
« que débri va trouver sa place, et l'édifice se re-
« construit de lui-même. Il guérit les plaies qu'il
« n'avait point faites ; il essuie les larmes qu'il n'a-
« vait point fait couler. La religion et la monarchie

Et cependant ils commencent eux-mêmes par être une société secrète ; ils se ca-

---

« renaissent ensemble, et la révolution est terminée.

« Qu'à vingt-quatre ans un homme se soit mon-
« tré le plus grand capitaine de son siècle, et peut-
« être de tous les siècles ; qu'il ait gagné lui seul
« plus de batailles que Condé, Turenne, Ven-
« dôme, Luxembourg n'ont livré de combats ;
« que son génie ait enchaîné la fortune, et que
« son nom soit devenu celui de la victoire ; qu'il
« brise à son gré et relève les trônes, et que les
« empires soient sous sa main comme ces fragiles
« édifices construits par l'enfance, et qu'elle ren-
« verse en se jouant, pour les reconstruire en-
« core ; ce n'est pas là, ô Napoléon ! ce qu'admi-
« rera le plus en toi la postérité. FILS AÎNÉ DE LA
« PROVIDENCE, elle t'a réservé une gloire plus belle,
« et le restaurateur de la France a triomphé du
« vainqueur de l'Europe....

« C'était beaucoup que d'avoir rendu à la France
« sa religion ; ce n'était pas assez ; il fallait en as-
« surer l'existence : ce fut l'objet du concordat.
« L'un des plus sages pontifes qui aient gouverné

chent sous des noms empruntés ; ils ma-
nœuvrent dans l'ombre ; ils couvrent leur

« l'Église se joignit à l'un des plus grands monarques
« qui aient régi la France , pour rétablir l'Église
« gallicane dans son antique splendeur. » (*Page* 95,
édition de 1808. *A la société typographique, place
Saint-Sulpice, n° 6 ; à Lyon, chez Rusand, li-
braire, rue Mercière.*)

Il faut, pour être exact, dire ici que le nom de
M. l'abbé de La Mennais n'est point à la tête de
cet ouvrage ; mais il s'en est déclaré l'auteur en 1814,
et l'a fait réimprimer avec son nom de plus et le
passage qu'on vient de citer de moins. Aussi a-t-il
eu soin d'avertir le lecteur qu'il *n'a rien ajouté* à
la première édition.

Si je rapporte ce passage , c'est que M. l'abbé de
La Mennais ayant dirigé une diatribe très-violente,
dans *le Drapeau blanc*, contre un orateur chré-
tien qui avait loué Buonaparte à peu près dans les
mêmes termes, il fallait bien lui rappeler le pro-
verbe, que l'on doit s'abstenir de jeter des pierres
dans la maison de son voisin, quand celle qu'on
habite est de verre.

existence de tout le mystère de la feinte et de la dissimulation. Et c'est aujourd'hui, pour la première fois, que leur nouvel Ignace, que M. l'abbé Loyola de La Mennais ose parler d'eux sans métaphore et sans détour. Ces notions suffiront-elles pour éclaircir les doutes de M. de Chateaubriand, pour démontrer jusqu'à quel point l'indépendance des rois, l'autorité des évêques, et les libertés de l'Eglise sont menacées par l'établissement de la nouvelle monarchie ? Voici d'autres indices :

La société mystérieuse reconnaît trois grands apôtres destinés par le ciel pour la restauration de la grande monarchie des jésuites : M. de Mestre, qui est mort au milieu de ses travaux apostoliques ; M. l'abbé Loyola de La Mennais, qui les poursuit avec ardeur, et un autre qu'il n'est pas encore temps de nommer, mais qu'on pourra facilement deviner en lisant le *Mémorial catholique* avec quelque attention.

Or, M. de Mestre est tellement persuadé qu'il appartient au souverain pontife de disposer des couronnes et des sceptres, qu'il a déjà pris le soin apostolique de rédiger la formule au moyen de laquelle les peuples peuvent s'adresser aux papes pour destituer leurs rois.

On ne le croirait pas si nous nous bornions à une simple assertion ; il faut citer son ouvrage, et en rapporter le texte. Voici comment il veut qu'on procède. On assemble ou les États-Généraux, ou les autorités qui les représentent, et les États-Généraux rédigent la supplique suivante :

« Très-Saint-Père, au sein de la plus
« amère affliction et de la plus cruelle
« anxiété que puissent éprouver de fidèles
« sujets, et forcés de choisir entre la perte

« absolue d'une nation, les États-Généraux
« n'imaginent rien de mieux que de se
« jeter dans les bras paternels de Votre
« Sainteté, et d'invoquer sa justice su-
« prême pour sauver, s'il en est temps,
« un empire désolé.

« Le souverain qui nous gouverne,
« Très-Saint-Père, ne règne que pour nous
« perdre. Nous ne contestons point ses
« vertus ; mais elles nous sont inutiles,
« et ses erreurs sont telles que si Votre
« Sainteté ne nous tend la main, il n'y a
« plus pour nous aucun espoir de salut.
(*Ici sont les charges.*)

« Enfin, Très-Saint-Père, il ne tient qu'à
« Votre Sainteté de se convaincre que la
« nation étant irrévocablement aliénée de
« la dynastie qui nous gouverne, cette
« famille, proscrite par l'opinion univer-
« selle, doit disparaître pour le salut pu-
« blic, qui marche avant tout.

« Cependant, Très-Saint-Père, à Dieu ne
« plaise que nous voulions en appeler à
« notre propre jugement, et nous déter-
« miner par nous-mêmes dans cette grande
« occasion ! Nous savons que les rois n'ont
« point de juges temporels, surtout parmi
« leurs sujets, et que la majesté royale ne
« relève que de Dieu. C'est donc à vous,
« Très-Saint-Père, c'est à vous, comme re-
« présentant de son Fils sur la terre, c'est
« à vous que nous adressons nos supplica-
« tions, pour que vous daigniez nous dé-
« lier du serment de fidélité qui nous
« attachait à cette famille royale qui nous
« gouverne, et transférer à une autre fa-
« mille des droits dont le possesseur actuel
« ne saurait plus jouir que pour son mal-
« heur et le nôtre (1). »

____

(1) *Du Pape*, t. 1er, 2e partie, ch. x, p. 332 et
suivantes.

Les doutes de M. le vicomte de Chateaubriand doivent commencer à s'éclaircir.
Mais avant peu, ils le seront tout à fait,
car la société mystérieuse ne veut plus de
mystère. Habile à profiter de l'occasion,
elle sait qu'elle n'en a plus besoin. Avertie
que messieurs les censeurs ne laisseront
rien passer contre elle et favoriseront tout
ce qui se fera, se dira, s'écrira pour elle,
elle se hâte de se produire à front découvert; bientôt nous lirons sur le fronton de
la maison de Mont-Rouge le chiffre de la
société de Jésus ; et peut-être les profes-
seurs des colléges, aujourd'hui en va-
cances, trouveront-ils à leur retour leurs
chaires occupées par les délégués de la
grande monarchie.

Ainsi la censure, suivant les conjectures
les plus raisonnables, aura été établie :
1° pour fermer la bouche aux journalistes
de l'opposition, à quelque genre d'oppo-

sition qu'ils appartiennent ; 2° pour berner (qu'on me passe ce mot) M. le comte de la Bourdonnaye et ses associés ; 3° pour favoriser l'établissement de la grande monarchie des solipses ; 4° pour faire taire ceux qui prétendraient encore opposer des raisonnemens et des calculs, à l'opération manquée, mais non pas abandonnée du remboursement des rentes. Peut-être pourrait-on soupçonner un quatrième motif plus judicieux que les autres; mais il n'est ni temps, ni convenable, ni nécessaire de s'expliquer à ce sujet.

On n'a point osé faire l'aveu de ces motifs; on a mieux aimé outrager la magistrature, s'étonner publiquement de la trouver incorruptible, et s'irriter de cette belle et noble réponse digne d'un Séguier : *La Cour rend des arrêts, et ne rend point de services.*

Dans tous les cas, jamais un esprit éclairé

n'absoudra la mesure violente à laquelle le ministère vient de recourir. *Berner* M. de la Bourdonnaye est trop puéril ; craindre toute opposition est trop pusillanime ; travailler au rétablissement des solipses, sans avoir profondément médité cet ouvrage, est trop imprudent ; représenter le projet de loi sur le remboursement des rentes est trop risquable. M. de Villèle, qui a plus d'esprit, de lumières et d'adresse que son collègue, y regardera à deux fois.

Quand les premières bouffées de la colère seront passées, ces messieurs sentiront qu'ils travaillent eux-mêmes à leur perte, que la soif du pouvoir égare le jugement, et que, pour s'y perpétuer, ils emploient précisément les moyens les plus propres à le perdre. S'ils ont le dessein de renverser la Charte, cet édifice de salut élevé par le Roi, ils n'y réussiront pas ; ils verront quelle masse de royalistes s'élevera contre eux ; car nos sermens nous savons les tenir ; se jouer de la conscience et du Ciel ne fera jamais partie du code politique des royalistes.

S'ils ne veulent que régner par la crainte, ils n'y réussiront pas mieux : ce n'est pas sous un gouvernement représentatif que l'on peut se flatter d'asservir une nation fière et courageuse.

Quelles que soient les espérances que l'on veuille fonder sur la corruption et sur l'adresse, une puissance plus forte renversera tous vos calculs.

L'homme le plus accessible à la corruption rougit et recule dès qu'il sait qu'on le voit. Tel est le sentiment de l'honneur chez les Français, que s'il était possible que le soupçon d'une corruption honteuse planât sur l'une des Chambres, on la verrait dès ce jour disposée à tout entreprendre pour reconquérir l'estime publique.

De quel secours serait d'ailleurs une Chambre haïe ou méprisée? elle ne tiendrait pas contre le danger d'une pareille situation.

Les ministres se croient sûrs, dit-on, de conserver, à la prochaine session, la majorité dans la Chambre des députés et de la conquérir dans la Chambre des pairs. Ils ont pour cela, ajoute-t-on, deux moyens.

Ils appelleront la majorité des députés à des emplois publics; ils en feront des fonctionnaires dépendans du gouvernement; et lorsqu'ils ne voteront pas comme ils l'exigeront, ils les destitueront.

Serait-il possible qu'il existât des gens assez dénués de toute pudeur pour se livrer publiquement à de pareilles combinaisons? et ces fonctionnaires, avertis

que désormais ils ne sont pour les ministres que des espèces d'hommes *liges*, que
leur conscience doit être le prix de leurs
emplois, que les regards du public sont
fixés sur eux quand ils votent, ces hommes
soutiendraient la honte d'une pareille situation !

Quant à la Chambre héréditaire, le projet de l'inonder d'un flot de pairs disposés
à obéir au moindre signe de la volonté des
ministres, est déjà un moyen usé. L'honneur viendrait encore tromper les calculs
du ministère, et ces nouveaux élus, péné-
trés du sentiment de leur dignité, lui ap-
prendraient bientôt qu'un pair de France
ne peut être le *varlet* de personne (1).

Ainsi, de quelque côté qu'ils se tour-
nent, je vois la perte des ministres assu-

______

(1) La censure a supprimé, dans quelques-uns
de nos journaux, une liste de pairs (*in petto*) qui

rée, à moins qu'ils ne se hâtent de sortir de la situation périlleuse où ils se sont placés. Peut-être en est-il temps encore ;

---

courait les salons. Nous la donnons ici sans la garantir :

MM.

Le comte Humbert de Sesmaisons.
Le comte Charles de Roncherolle.
Le marquis de Martainville, maire de Rouen.
De Villèle, évêque de Soissons.
Le baron des Bassyns-Richemont.
Le marquis d'Auberjon.
César Lapanouze, banquier.
Salabery.
Laffitte.
Du Hamel, conseiller d'État.
Le baron de Coupigny.
Syriès de Mayrinhac.

MM.

Vaisse de Renneville.
Castelbajac.
Cornet-Dincourt.
De Lymerac, préfet à Montauban.
Le comte Adrien de Rougé.
De Turenne.
Sébastiani, lieutenant-général.
De Martignac.
Le président Chifflet.
De Maquillé.
Forbin-des-Issarts.
Montmarie, lieutenant-général.
Le prince de Beauveau.
Duc de Céreste-Brancas.
Barthe-Labastide.

mais il faut pour cela qu'ils rentrent franchement dans les rangs des royalistes. Ce n'est point en les persécutant qu'on les soumet; ils ont fait leurs preuves. Un état violent ne dure point; et tel est celui de la France que les ministres doivent en avoir tout à craindre.

Ce n'est ni au ressentiment, ni à l'esprit de contradiction ou de parti, que cet écrit doit sa naissance. Je n'ai eu jusqu'à ce jour de relation qu'avec un seul des ministres, et je suis loin de me plaindre de ces communications. Je n'ai trouvé en lui que sentimens de justice et de bienveillance. Je plaidais auprès de lui une cause digne du plus grand intérêt, et il s'y est montré sensible. Grâces lui en soient rendues !

Les jésuites ne me sont connus *nec beneficio nec injuriâ*. Ceux de leur société que j'ai vus dans le cours de ma vie

ont été loin de m'inspirer des sentimens dé-
favorables. J'ai trouvé en eux des hommes
de mérite, des hommes vertueux, et je
sais tout le bien qu'ils ont fait aux lettres.
Mais un ordre ne se juge pas sur les qualités des individus; et quand ses protec-
teurs l'annoncent comme une monarchie
indépendante et suprême, quand ils lui
soumettent les empires eux-mêmes, il est
sage d'y penser plus d'une fois avant de
l'introniser.

Ce serait les mal servir que de préluder
à leur avènement par la censure. Il est
possible que les jésuites soient utiles dans
un État; mais malheur à l'État qui ne
verra pour se soutenir que la censure et
les jésuites! Ce n'est pas ainsi que font nos
voisins d'outre-mer.

Je ne sais si, malgré tout ce qui vient
d'être dit, les ministres se croient au-dessus de tous les évènemens : mais quand

on ne se croit pas assez fort pour braver *l'Aristarque*, il me paraît bien difficile de se rire de l'opinion publique et de la braver.

FIN.